LES CAMIONS

POUR LES FAIRE CONNAITRE AUX ENFANTS DE 5 A 8 ANS

Conception
Émilie BEAUMONT

Texte
Agnès VANDEWIELE

Images
Craig WARWICK

FLEURUS
ENFANTS

ÉDITIONS FLEURUS, 11, rue Duguay-Trouin 75006 PARIS

LES PREMIERS CAMIONS

Au début du XIXᵉ siècle, à côté des chariots tirés par des chevaux, apparaissent des camions à vapeur. Puis, vers 1900, avec le moteur à explosion, on invente des camions à essence. Le premier est construit en 1896 par l'ingénieur allemand Daimler. Mais ces véhicules sont lourds et lents. Ensuite, les progrès techniques se succèdent : les roues, d'abord en bois, puis en acier, sont entourées de caoutchouc, puis de pneumatiques (chambre à air et pneu). Vers 1913, grâce au moteur Diesel, les camions roulent plus vite.

Ce camion date de 1919. Il peut livrer des tonneaux de bière ou de vin sur son plateau de bois. La suspension s'améliore grâce aux roues à rayons en acier moulé recouvertes de pneus, qui remplacent les roues à bandage de caoutchouc.

L'évolution des camions

Ce véhicule à gauche, qui ressemble à un chariot, est un des premiers camions automobiles. Construit en 1901, il est équipé d'un moteur à essence à un cylindre, logé près du plancher.

Des camions à vapeur avec cheminée, comme ce camion de poste anglais, ci-contre à droite, circulent encore vers la fin du XIXe siècle. De la vapeur d'eau sous pression, fournie par une chaudière, pousse dans un cyclindre un piston qui fait tourner les roues. Puis la vapeur s'échappe par la cheminée.

Ce camion ci-contre, capable de transporter 3,5 tonnes de marchandises, est sorti en 1910. Grâce à son moteur, puissant pour l'époque, et à ses roues entourées de caoutchouc, il peut rouler à 25 km/h.

Nouveau progrès : sur ce camion de 1909, ci-dessous, le moteur, au lieu d'être sous le conducteur, est placé devant lui, et la benne se soulève pour vider sa charge.

LES TRACTEURS ROUTIERS

Un tracteur est fait d'un châssis portant un puissant moteur Diesel et une cabine. C'est lui qui tire les remorques transportant de lourdes charges sur des milliers de kilomètres. Pour ces longs trajets, la cabine, qui est un poste de commande, est aussi une petite maison ambulante. Le conducteur peut dormir plusieurs nuits d'affilée dans la couchette, à l'arrière de la cabine, qui est climatisée ou chauffée selon les saisons. Tout est prévu pour le confort : réfrigérateur, cuisinette, four à micro-ondes, évier, toilettes, radio, télévision.

Les routiers communiquent entre eux avec leur radio C.B.

Le tracteur à cabine arrière

On l'appelle ainsi parce que le chauffeur est assis derrière le moteur. On accède facilement au moteur en soulevant le capot. Les cheminées de chaque côté sont les tuyaux d'échappement. On rencontre beaucoup de ces tracteurs aux États-Unis. Ils sont souvent décorés de couleurs superbes.

Le tableau de bord

Certains camions possèdent 18 vitesses. Un ordinateur, un radiotéléphone, un télécopieur permettent au conducteur de parler à son entreprise, d'écouter la météo, les consignes de sécurité, de recevoir et d'envoyer des messages.

Le tracteur à cabine avancée

Le conducteur est assis au-dessus du moteur, ce qui facilite les manœuvres. Ce type de tracteur permet de prendre des virages plus serrés avec une meilleure visibilité. Pour accéder au moteur, on fait basculer la cabine vers l'avant.

LES REMORQUES

Les semi-remorques sont des camions articulés composés d'un tracteur routier et d'une remorque que l'on attelle derrière. Un bras d'acier à l'avant de la remorque s'encastre dans le plateau du tracteur. Les gros semi-remorques peuvent transporter 40 tonnes de marchandises. Ils ont des usages multiples : un même tracteur peut tirer une citerne, des conteneurs (de grosses caisses en métal pouvant mesurer 12 mètres de long), ou une remorque frigorifique que l'on peut utiliser pour le transport du poisson. L'intérieur de cette remorque est un gros réfrigérateur.

Remorque "colis lourds".

Cette remorque «colis lourds» convoie d'énormes charges. Son plateau repose sur 12 lignes d'essieux de 4 roues chacune. L'énorme transformateur de 300 tonnes fixé sur sa plate-forme est ainsi porté par 48 roues ! Les plus grands de ces semi-remorques peuvent, avec 120 roues, porter des charges de 500 tonnes. Ces convois exceptionnels roulent très lentement : à peine 5 km/h.

Camion grumier.

Ce camion grumier peut transporter 40 tonnes de bois de la forêt jusqu'à la scierie. Les troncs sont chargés avec des grues et posés entre les montants du plateau (les grumes sont de grosses pièces de bois).

Convoi porte-voitures.

Le convoi porte-voitures, long de plus de 20 mètres, peut transporter jusqu'à 11 voitures qui montent par des rampes.

Camion-citerne.

Porte-char (ou porte-engin).

Les camions-citernes peuvent charger de 30 000 à 38 000 litres d'essence. Un tuyau sur le côté de la citerne permet de déverser le contenu dans les cuves d'une station-service. D'autres citernes contiennent des produits chimiques, du vin, du lait ou même du chocolat liquide !

Ce porte-char (ou porte-engin) a une remorque surbaissée pour transporter une pelle à chenilles. Son plateau est abaissé pour permettre le passage de la pelle sous les ponts.

LES TRAINS ROUTIERS

Les trains routiers sont des attelages géants composés d'un tracteur et de trois ou quatre remorques. On les appelle aussi des multiremorques. Les remorques sont parfois à deux étages ou divisées en compartiments afin de mieux répartir la charge. Dans les grands pays comme les États-Unis ou l'Australie, ces trains routiers sont très économiques, car ils permettent de transporter en un seul voyage le maximum de charges sur de très longues distances.

Les camions les plus longs du monde

Dans leurs bennes, les trains routiers australiens chargent des tonnes de charbon, de sel, mais aussi des centaines de moutons et de vaches. Les bêtes supportent parfois très difficilement ces longs trajets dans le désert et les animaux morts sont jetés dans des fosses prévues à cet effet, le long de la route.

Ce train routier citerne transporte du carburant (essence, gazole) vers les stations-service qui jalonnent les routes du pays. Les voyages durent plusieurs jours, et les chauffeurs dorment dans la cabine. Ces trains routiers peuvent rouler à des vitesses allant de 15 km/h en montagne à 110 km/h sur terrain plat.

Ce tracteur est équipé d'un très puissant moteur Diesel. Il peut tracter trois ou quatre remorques de treize mètres chacune.

LES CAMIONNETTES

Les camionnettes sont de petits camions qui transportent des marchandises et du matériel peu encombrants. Elles peuvent déplacer des charges de 3 à 6 tonnes. C'est vers 1900 qu'apparaissent les premières camionnettes à moteur, succédant aux chariots tirés par des chevaux. À l'époque, un camion de 5 tonnes pouvait remplacer douze forts chevaux de trait. Les camionnettes modernes sont souvent utilisées pour les livraisons dans les villes : très maniables, elles se faufilent partout et se garent facilement.

L'ancêtre de la camionnette (ci-dessus)

Ce petit camion de 1909 a des roues en bois cerclées de fer. C'est un progrès par rapport au chariot tiré par les chevaux, mais le conducteur n'est toujours pas à l'abri des intempéries.

Les camionnettes de livraison

(ci-dessous et à droite)

Voici la même camionnette en deux versions : l'une avec un simple plateau, l'autre avec une bâche pour protéger des intempéries les produits transportés. On utilise beaucoup ces camionnettes pour approvisionner les magasins.

Un coffre-fort sur roues !

Le fourgon blindé porte des sacs de billets et de pièces.
Sa carrosserie est une caisse d'acier de blindage très épais, testé pour résister aux balles. Les vitres, épaisses de plusieurs centimètres, sont faites de couches de verre superposées. Les portes coulissantes sont verrouillées par des serrures mécaniques et électriques. L'argent est bien gardé !

Le fourgon

(à gauche)

Dans le fourgon, l'espace est utilisé au maximum. Grâce à la large porte coulissante sur le côté et aux doubles portes qui s'ouvrent à l'arrière, le livreur décharge facilement les marchandises.

LES CAMIONS UTILITAIRES

Toutes sortes de véhicules circulent dans les villes pour nettoyer les rues. Des camions arrosent, lavent, balaient les chaussées, curent les égouts, nettoient les espaces verts, collectent les ordures et les bouteilles, enlèvent les objets encombrants. En changeant d'équipement, un même camion peut avoir plusieurs utilisations.
Le châssis d'un camion peut servir à la fois au sablage et au goudronnage des routes.
Une grande ville comme Paris possède plus de 1600 véhicules utilitaires.

Dans sa nacelle, l'ouvrier commande l'élévation du bras articulé : pour son travail, il monte à la hauteur voulue, qui peut aller jusqu'à 18 ou même 22 mètres, soit la hauteur d'un huitième étage environ. Mais gare au vertige !

Un camion au bras long !

On utilise le camion à bras élévateur pour effectuer toutes sortes de travaux : laver les vitres d'un immeuble, repeindre une façade, réparer un lampadaire, accrocher des panneaux, etc.

La benne à ordures

Elle passe une fois par jour dans les rues pour vider les poubelles. Un ouvrier les porte au camion, appuie sur un bouton et la poubelle est saisie et vidée dans la benne, où les ordures sont broyées par des plaques métalliques. Ce camion les transporte ensuite dans une usine où elles sont brûlées.

Un drôle d'aspirateur ! (à gauche)

L'aspirateur de chaussée parcourt les rues pour les nettoyer. Son gros tuyau flexible aspire les feuilles mortes et les ordures logées dans les caniveaux. Des balais circulaires mettent en tas les saletés.

Le chasse-neige (ci-dessous)

Le chasse-neige dégage les routes enneigées. La pelle avant repousse la neige et la rejette sur les bas-côtés de la route. Le plateau arrière porte une trémie (un réservoir en forme de pyramide renversée) chargée de sable ou de sel que le camion répand sur la chaussée.

17

LES CAMIONS DE POMPIERS

C'est vers 1900 que sont apparues les premières voitures de pompiers motorisées pour transporter rapidement les pompiers, les pompes et les échelles. Auparavant, les pompiers et les pompes étaient portés sur des chariots tirés par des chevaux. Les pompes modernes tirent l'eau des canalisations et la déversent sous pression sur les foyers de l'incendie. S'il n'y a pas d'eau sur place, on envoie un camion-citerne.

Pour se protéger des fumées nocives, les pompiers portent souvent un masque.

Un ancien fourgon-pompe

Cette voiture de pompiers du début du siècle est un fourgon-pompe. Il peut transporter douze à quinze hommes, une échelle, plusieurs centaines de mètres de tuyaux et six lances à incendie. Il roule à 40 km/h.

Les incendies

Les incendies éclatent le plus souvent dans des immeubles ou des bâtiments. On envoie alors un camion avec une grande échelle et des lances. Mais quand des avions s'écrasent au sol ou qu'une usine de produits chimiques prend feu, les pompiers combattent les flammes avec une mousse spéciale. Pour les incendies de forêts, on envoie des camions-citernes.

Un camion ultramoderne

Ce camion américain, long de 12,5 mètres, est l'un des plus gros du monde. Il peut lutter contre de violents incendies. Sa pompe est très puissante, son échelle mesure 30 mètres et sa citerne contient une grande réserve d'eau. Il peut transporter six pompiers dans sa cabine. Pour se frayer un passage dans la circulation, le camion de pompiers lance des éclats lumineux avec son gyrophare placé au-dessus de la cabine et fait retentir ses sirènes.

LES CAMIONS DE CHANTIER

Pour creuser la terre, enlever des pierres, déplacer d'énormes charges de minerai sur des terrains très accidentés comme ceux des chantiers de construction, des carrières et des mines, on a inventé toute une série d'engins très puissants. Chacun accomplit une tâche particulière : le bulldozer ou bouteur creuse des trous avec sa lame, la bétonnière fabrique du béton dans sa benne tournante, le rouleau compresseur aplanit le sol et les camions-bennes transportent des gravats.

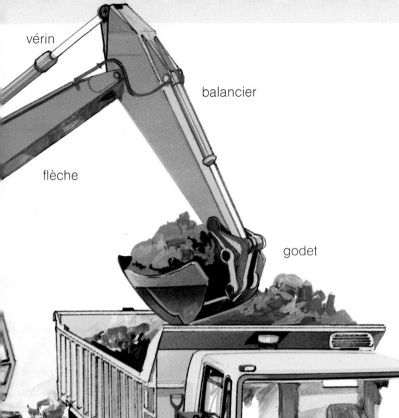

vérin

balancier

flèche

godet

La pelle sur chenilles

La pelle sur chenilles travaille avec un bras articulé composé d'une flèche, d'un balancier et d'un godet. Elle creuse, nivelle le sol, enlève la terre, brise les roches et ouvre des tranchées. Dans sa tourelle pivotante, le conducteur, en actionnant les leviers, fait exécuter au godet des mouvements très compliqués. S'agrippant au sol par ses grosses chenilles, l'engin peut monter, descendre, se déplacer sur les terrains les plus chaotiques. Sa pelle peut charger jusqu'à 300 camions-bennes de 25 tonnes en une journée de travail !

Le camion à benne basculante

Avec ce camion, le conducteur peut vider le contenu de sa benne en un clin d'œil. Pour cela, il actionne de grands cylindres situés sous la benne (les vérins) qui se déploient et la soulèvent. Le panneau arrière de la benne s'ouvre pour qu'elle déverse sa charge.

Le géant des chantiers (ou dumper)

Ce camion-benne géant, appelé dumper, est le plus gros des engins de chantier. Sa hauteur est plus de 3 fois celle d'un homme. Aussi le conducteur accède-t-il à sa cabine par une échelle. Sa benne en acier peut transporter 350 tonnes de charge, soit l'équivalent de 14 camions-bennes de 25 tonnes. Ces dumpers sont utilisés pour les gros travaux dans les carrières ou les mines à ciel ouvert, pour enlever de gros blocs de pierre, de charbon ou de minerai de fer.

LES CAMIONS DANS LES COURSES

Certains camions participent à des courses, à des rallyes, ou accompagnent des rallyes automobiles en tant que camions d'assistance. En France, la course la plus connue est le Grand Prix du camion, qui a lieu chaque année sur le circuit du Castellet, long de 3,8 km. Les camions, répartis en trois catégories selon leur puissance, atteignent des vitesses de 160 km/h. Les rallyes automobiles où participent des camions sont très populaires, comme le Paris-Dakar, où courent une soixantaine de camions.

Le Big Foot (ci-dessous)

Ce curieux véhicule est ainsi nommé à cause de ses roues hautes de près de 2 mètres (roues de tracteur ou de dumper) fixées sur un châssis équipé d'un puissant moteur.
Certaines courses de Big Foot sont très spectaculaires, car ces engins passent par-dessus des carcasses de voitures.

Aux États-Unis, on bricolait de vieux camions, comme ces gros tracteurs de semi-remorques, pour les engager dans des courses. Une des plus connues avait lieu à Pocono, près de New York.

Les camions d'assistance (ci-dessous)

Ils viennent en aide aux automobiles qui courent dans les rallyes. Un gros semi-remorque comme celui-ci sert à la fois au ravitaillement en essence, à la répartition des voitures et à leur transport. Dans le rallye Paris-Dakar, il y a une dizaine de camions d'assistance, dont deux "ateliers de réparation" avec des mécaniciens à leur bord.

LES CAMIONS MILITAIRES

De nos jours, les camions militaires jouent un rôle très important dans les guerres. Ils doivent fournir aux armées tout ce dont elles ont besoin pour vivre, se déplacer et combattre. Les camions transportent ainsi les troupes, les armes, les munitions, les vivres, les tentes, le carburant et tout le matériel de télécommunication. Des ambulances suivent les convois. D'autres camions apportent sur les lieux d'opération des systèmes d'armes électroniques, comme des missiles et des roquettes.

Tracteur d'artillerie

Ce camion remorque un canon de 155 mm de diamètre, qui peut tirer à 35 km. Derrière la cabine du conducteur se trouve un shelter : c'est un abri pour les soldats qui servent le canon. Le camion porte, en plus, des munitions destinées au canon.

Camion de transport de missiles

Ce camion transporte des missiles Patriot. Ces missiles (engins volants guidés par un système électronique) doivent détruire en vol les missiles ennemis, chargés d'explosifs ou de bombes.

Le camion est équipé du dispositif permettant d'effectuer les lancements et le guidage des Patriot. Ces engins, longs de 5,12 m, neutralisent des missiles à une distance de 80 km.

Les missiles sont des armes modernes pouvant atteindre, avec une grande précision, des objectifs militaires, sans toucher aux populations civiles.

LES AUTOCARS

Les premiers autocars à moteur apparaissent en 1895. Auparavant, les passagers voyageaient dans des diligences à chevaux, puis à vapeur. Au fil des ans, la mécanique, la suspension et le confort ont fait de grands progrès. De nos jours, certains autocars transportent des touristes pour de très longs voyages ; d'autres emmènent les employés sur leur lieu de travail ou effectuent les ramassages scolaires.
L'autocar le plus long du monde est articulé : il mesure 23 mètres (soit aussi long que 5 ou 6 voitures alignées les unes derrière les autres).

Une diligence à vapeur

Cette diligence décorée, inspirée des locomotives à vapeur, a été mise en service en Angleterre en 1833. Dans certaines diligences, les passagers assis en haut payaient moins cher !

Ce car de grand tourisme articulé, à deux niveaux, transporte plus d'une centaine de passagers. Les voyageurs admirent le paysage par les vitres panoramiques. Pour de longs trajets, ils peuvent même passer des nuits dans le bus : les sièges se transforment en couchettes.

Un omnibus de 1900

C'est un des premiers bus où les voyageurs entrent par les portes de côté. Auparavant, les passagers montaient par l'arrière, comme dans les tramways à chevaux. La cabine du conducteur est séparée de l'intérieur du véhicule.

Le bus à impériale

Ce célèbre bus anglais à deux étages peut transporter jusqu'à 90 personnes aux heures de pointe. C'est le descendant des bus à impériale tirés par des chevaux, apparus en 1850. Mis en service en 1910, il en circule actuellement 3 500 dans la région de Londres.

Les autocars modernes sont très confortables : dans certains, on trouve même une petite cuisine avec réfrigérateur, four à micro-ondes et évier, des toilettes, un bar et des tables de jeu, et même le téléphone.

TABLE DES MATIÈRES

Remerciements
Fondation de l'automobile M. Berliet, Lyon - Le centre de documentation de
Renault.